Ellen Owen
Ebrill 2000.

Detholiad o *Farddoniaeth* ac *Emynau* o'r 'GOLEUAD'

Golygydd: D. Hughes Jones

GWASG PANTYCELYN

ISBN 1 874786 98 4

Cyhoeddwyr ac argraffwyr:
Gwasg Pantycelyn, Caernarfon

CYNNWYS

RHAGAIR

Cefais syniad ers amser mai da fyddai dethol o'r cynhyrchion barddonol a fu yn *Y Goleuad*, a dyma'u cynnwys mewn cyfrol fechan. Yn anffodus nid oedd gofod yn caniatáu cynnwys rhagor o gerddi, ac am fod gwaith rhai beirdd wedi dod i law ar ôl i'r dewisiad fynd i'r Wasg mae darnau eto heb eu cyhoeddi. Carwn gydnabod pawb a gyfrannodd at boblogrwydd *Congl y Beirdd* ar hyd y blynyddoedd y bûm i'n gofalu amdani.

Mae fy niolch yn fawr, hefyd, i'r Prifardd John Gruffydd Jones, Abergele, am ei help gyda'r proflenni; i olygydd *Y Goleuad*, y Parchedig E. R. Lloyd-Jones; i Mr. Maldwyn Thomas, ac i'r staff yng Ngwasg Pantycelyn am eu cyfarwyddiadau a'u hynawsedd.

Darlledwyd nifer o'r cerddi a'r emynau ar 'Y Talwrn', Radio Cymru'r B.B.C., a diolchir am ganiatâd i'w cyhoeddi yn y gyfrol hon.

D. Hughes Jones

Yr Emynau

YMBIL

Cofia am ein byd o Iesu,
  Er ein bai
  Gwyddom mai
Ti sydd yn teyrnasu.

Yn ein trallod, yn ein t'wyllwch,
  Golau'r groes
  Drwy ein hoes
Ddaw a hedd o'r dryswch.

Dysg i'r gwledydd arddel cymod,
  Yna daw
  Maes o law
Ddiwedd ar y trallod.

Yn ein Sodom gymdeithasol,
  Tyn ni nôl
  I dy gôl,
Glawied manna grasol.

Ennyn ynom dân o'r newydd
  Fel na ddaw
  Cysgod braw
I'n poenydio beunydd.

Pwy sy'n abl i'n gwaredu?
  Cyfaill mawr
  Plant y llawr,
Fendigedig Iesu.

MEIRION WYN DAVIES, GOGINAN

ATGYFODIAD

O, fore oer y Groglith
Pan dduodd haul y nen,
Wrth weld Tywysog Bywyd
Yn crogi ar Y Pren.
A'r prelad hunan gyfiawn
Yn gorfoleddu'n hy
Wrth weld ei gynllwyn anfad
Yn troi y byd yn ddu.

O, fore bendigedig
Oedd bore'r Trydydd Dydd.
Y cwmni llwfr ac euog
Ar dân gan hyder ffydd.
Lledaenodd y goleuni
I bedwar ban y byd,
A miloedd yn moliannu
Bendithion angau drud.

O, Arglwydd gad i'n dystio
I'r Atgyfodiad nawr,
A dangos yn ein bywyd
Oleuni newydd wawr.
A'r cariad sy'n cymodi
Gelynion o bob oes;
Trwy ras y gwas dioddefus
A gwarth a gwyrth y Groes.

D. R. THOMAS, ABERYSTWYTH

AR GYFER ORDEINIO GWRAIG

Deuwn heddiw mewn gorfoledd
Yn ddiolchgar ger dy fron,
I ordeinio dy lawforwyn
Yma yn y winllan hon;
Boed i egni ei hymroddiad
Gadarnhau ei sêl a'i ffydd,
A'n teyrngarwch i'r gwirionedd
Fod yn nerth o ddydd i ddydd.

Cofiwn am y gwragedd ffyddlon
A fu'n dystion drwy eu hoes,
Diolch am y rhai a safodd
Yn ddi-ildio wrth y groes.
Arwain Di ein chwaer i gynnal
Dy efengyl, a'i bywhau,
Bydded iddi brofi d'ysbryd
Sy'n ireiddio a chryfhau.

Er y trai ar draethau'n crefydd
Boed pob bendith ar ei gwaith,
Cynnal hi yn wrol, Arglwydd,
Rhag diffygio ar y daith.
Daw, fe ddaw y llanw eto
I orlifo dros y lan,
Na foed terfyn ar gyhoeddi
Dy genhadaeth glir i'r gwan.

J. R. JONES, ABERYSTWYTH

EMYN BEDYDD

Â'r bywiol ddwfr rho sêl dy nerth
Ar enaid baban bach
Fel byddo'i rawd yn bêr a phur,
A'i oes yn ddwyfol iach.

Ddiniwed oen a'i wên mor fwyn,
Na ddeled loes i'w ran.
Boed engyl glân yn lloches glyd
I'w gynnal ym mhob man.

Rho iddo fraint y 'doniau da',
Dy foli Di fo'i nod;
Rho ras i'w riaint gyda'u gair
I'w feithrin er dy glod.

I'th gorlan glyd, O, derbyn ef
Fel gwnaethost ddyddiau gynt;
Gad iddo ddilyn ôl dy draed,
Ac esmwyth fyddo'i hynt.

Ann Stanley Hunt, Manceinion

EMYN DECHRAU BLWYDDYN

O'th flaen o Dduw y deuwn
  Ar ddechrau'r flwyddyn hon,
I ofyn am d'arweiniad
  Wrth blygu ger dy fron.
Addefwn i ni wneuthur
  Adduned lawer gwaith,
Ond mynych y crwydrasom
  Gan adael arnom graith.

Rho'r awydd i ni weithio
  Dros Iesu Grist a'i groes,
I gadw'r lamp yn olau
  Bob munud awr o'n hoes.
O! gwared ni rhag llithro
  Yn ôl at bethau'r byd,
Ond penderfynu'n gryfach
  Dy ganlyn Di o hyd.

O! Arglwydd Dduw, rho'r hyder –
  Ar ddechrau'r flwyddyn sydd
Yn agor in ei drysau,
  I gadarnhau ein ffydd.
Os tywyll yw'r dyfodol,
  Cawn olau gyda Thi.
Am hyn O, Dad gweddïwn,
  "O! aros gyda ni".

TOM ROBERTS, CALCOED

DYFALBARHAU

Dduw, llonydda'r corwynt nerthol
Sy'n creu chwalfa yn ein byd;
Ninnau'n wan yn ymbalfalu
Am y grym a'n deil ynghyd;
Daliwn afael
Yn y ffydd a'n cynnal ni.

Dduw, tawela'r daran enbyd
Sydd yn atsain drwy'r holl fyd;
Ninnau'r ofnus yn rhyw ddisgwyl
Am rhyw loches dawel, glyd;
Daliwn ati
I ymddiried ynot Ti.

Dduw sy'n sibrwd mewn tawelwch,
O, llefara wrth ein byd
Eiriau eglur ac ystyrlon
A ddwg obaith inni i gyd;
Dal i gredu
Ddaw a ni drwy'r chwalfa fawr.

JOHN OWEN, RHUTHUN

Y GEIRIAU GRASOL

O! fy Iesu Mawr a'm Prynwr,
Caru r'wyf dy eiriau pur;
Nerth sydd ynddynt, a goleuni,
Esmwythânt pob loes a chur:
Hwy sy'n cynnal y pererin
Ar y daith mewn anial gwyw,
Hwy yn unig yw y llusern
Sy'n goleuo'r ffordd at Dduw.

Nef-anedig yw dy eiriau,
Denu maent fy serch a'm bryd,
Gwerthfawrocach yn fy ngolwg
Ydynt na thrysorau'r byd;
Gras a chariad, hedd, maddeuant,
O! mor bêr yw'r rhain i'm clyw,
Dy sibrydion sy'n huotlach
Na bloeddiadau dyn, fy Nuw.

Dysg im, Iesu, i ryfeddu
At dy eiriau mawr eu bri,
A myfyrio'n edifeiriol
Ar dy ymadroddion Di:
Pan fo ffydd yn troi'n sigledig
Sicr yw d'addewid im, –
"Nef a daear a ânt heibio,
Ond fy ngeiriau nid ânt ddim."

JOHN LLOYD, BETWS Y COED

EMYN AR GYFER Y FLWYDDYN 2000

Yng nghylch a mynd blynyddoedd
A throad canrif, rho
Newydd-deb glân y cychwyn
Ar wyneb hen fy mro,
Rhag in yn sŵn y dathlu
Anghofio gwefr ein doe,
A cholli rhin tawelwch
Yn nadwrdd rhad y sioe.

Rhwng bregus oriau amser,
Rho sicrwydd tawel ffydd
Yn gytgan trwy'r blynyddoedd,
Yn ernes am a fydd.
A geiriau ein Gwaredwr
Yn pontio rhwng pob oes,
I gydio sawl cenhedlaeth
Yng ngwyrth a gwerth y groes.

Wrth estyn i'r dyfodol
Ar ddechrau'r ganrif hon,
Rho wefr y tragwyddoldeb
Yn gyffro dan fy mron,
Un gân trwy'r holl ganrifoedd,
Un gred yn obaith gwyn,
Un Duw tu hwnt i amser
Ar groes Calfaria fryn.

JOHN GRUFFYDD JONES, ABERGELE

EMYN GŴYL DDEWI

Deuwn, Arglwydd, mewn addoliad,
  Ac ymgrymwn ger dy fron;
Boed i gariad Crist ein Nawddsant
  Fod yn sail ein moliant llon.

Molwn Di am wlad y seintiau,
  Gwlad Efengyl gras, a moes;
Rho i Gymry eto heddiw
  Flas ar ganlyn Crist y Groes.

Diolch wnawn am iaith ein tadau,
  Iaith y gred a'i daliodd hwy;
Deffro ni i'w harddel beunydd,
  Gwna ni'n ddewr i'w gwarchod mwy.

Yn ein hoes ddiargyhoeddiad,
  Oes y weledigaeth wan,
O! cofleidiwn neges Dewi
  A'i chyhoeddi ym mhob man.

IEUAN LLOYD, LLANRHAEADR

EMYN CENHADOL

(Seiliedig ar Marc 4, adnodau 3-20)
Cyfansoddwyd ar ddathliad 200 mlynedd
Cymdeithas Genhadol Llundain.

Diolch iti, nefol Dad,
Am y rhai sy'n hau yr had;
Syrthiodd peth ar lwybrau'r dref,
Llyncwyd hwy gan adar nef;
Syrthiodd peth ymhlith y drain,
Tyfiant cryf a dagodd rhain;
Eto diolch wnawn i Ti
Am hau'r Newydd Da i ni.

Rhoddwn ddiolch, nefol Dad,
Am y rhai sy'n hau yr had;
Syrthiodd rhai ar greigiog dir,
Hwy ni chawsant ddyfnder ir;
A than boeth belydrau'r haul
Gwywo wnaeth yr eiddil ddail,
Eto diolch, nefol Dad
Iti ddal i hau yr had.

Diolch iti, dirion Dad,
Am barhau i hau yr had;
Peth ar faethlon dir a aeth,
A phob hedyn, cnydio wnaeth:
Boed i ninnau, wrth hau'r had
Roi'r Efengyl i bob gwlad,
Ac yn ffyddiog, disgwyl wnawn
Rywdro am Gynhaeaf llawn.

HYWEL M. GRIFFITHS, CAERDYDD

EMYN CYMUN

Fe ddeuwn at dy fwrdd yn awr
I brofi grym y cariad mawr
A lifodd allan ar y groes
I gwrdd ag angen dyn, a'i loes.

Fe blygwn ger dy fron, O! Dduw,
Fel teulu sydd yn mynnu byw
Ar ras y nef, a chodwn gri,
Drugarog Arglwydd, gwrando ni.

O! boed i'r bara hwn a'r gwin
Droi eto'n faeth i'n hysbryd blin.
Dy gariad fyddo i ni'n wledd,
A ninnau'n derbyn yma o'th hedd.

Nid yw'r elfennau'n ddim i ni
Heb inni gael dy gwmni Di;
Tydi a ninnau wrth y bwrdd
Yw sail y fendith wrth gyd-gwrdd.

O! dyro y tangnefedd pur
Sy'n codi'n baich a gwella'n cur;
Ac yna awn i ganol byd
I rannu rhin dy gariad drud.

GEOFFREY DAVIES, LLUNDAIN

TYN FI ATAT

Arglwydd, dangos i mi heddiw
Sut i gychwyn ar fy nhaith,
Sut i drefnu holl flynyddoedd
Fy nyfodol yn dy waith.
Tyn fi atat,
Tro fy ffyrdd i gyd yn fawl.

Arglwydd, aros yn gydymaith
Ar fy llwybr yn y byd,
Cadw fi rhag ofn i swynion
Pethau dibwys fynd â'm bryd.
Tyn fi atat,
Tro fy egni oll yn fawl.

Arglwydd, edrych yn drugarog
Ar fy holl weithredoedd i,
Mor annheilwng ŷnt o aberth
Iesu Grist ar Galfari.
Tyn fi atat,
Tro fy ngwaith i gyd yn fawl.

Arglwydd, dal dy afael ynof
Ym mhob llawnder, ym mhob loes,
Gwna fi'n llestr i rinweddau
Anfarwolwyd ar y Groes.
Tyn fi atat,
Tro fy mywyd oll yn fawl.

DEWI JONES, BENLLECH

EMYN DROS GYMRU

Tôn: Bro Aber

Tywyned haul dy gariad, Iesu mawr,
Ac arwain di ein gwlad â'th lewyrch clir,
Gad i ni deimlo gwres dy ddwyfol wawr
Yn deffro'n gobaith ac yn harddu'r tir;
Am wawr d'efengyl bur erfyniwn ni,
A deued Cymru oll i'w llewyrch hi.

Rho awydd yn ein calon, Iesu'n llyw,
I'th ddilyn yn ffyddlonach drwy ein hoes,
I sefyll dros gyfiawnder Teyrnas Dduw,
A Chymru yn ymroi i gario'r groes;
Cawn weld yr heniaith hon a garwn ni
Yn gyfrwng i glodfori Calfari.

Wrth i ni gofio Cymru ger dy fron,
A diolch am oleuni glân y Ffydd,
O gwawried eto dros ein gwlad yn llon
Belydrau'r gobaith ddaeth y trydydd dydd;
O! boed i ni d'orseddu di yn ben,
A chymer feddiant llwyr o Walia wen.

J. Pinion Jones, Llanidloes

GWEDDI DROS YR ANABL

Deuwn atat Ti, ein Harglwydd,
A'n gweddïau dros y rhai
Sydd yn eiddil a methedig,
A'u gobeithion sydd ar drai.
  O! defnyddia
Ni, dy blant, i'w helpu hwy.

Arwain ni i weld ein cyfle
I roi cymorth llaw a braich
I'r anabl sydd o'n cwmpas,
A'u hanwyliaid dan eu baich.
  O! defnyddia
Ni, dy blant, i'w helpu hwy.

Rho dy gymorth inni, Iesu,
I dosturio wrth y gwan,
Rhai o gorff, a rhai o feddwl,
Sydd o'n hamgylch ym mhob man.
  O! defnyddia
Ni, dy blant, i'w helpu hwy.

EIFION JONES, DINBYCH

EMYN DERBYN POBL IFAINC YN GYFLAWN AELODAU

At Iesu, cydymaith yr ifanc,
Y deuwn ar ddechrau ein taith
I'w ganlyn yn naws ei wahoddiad
Ac addo teyrngarwch i'w waith.

Nid hawdd fydd y llwybyr i'w droedio
Wrth ddilyn Gŵr ifanc y groes,
Er hynny bydd menter dros Iesu
Yn dwyn ei bendithion drwy'n hoes.

Pan ddaw anghyfiawnder a'i ergyd
I gleisio gwroniaid y gad,
Gwareder ni, bawb, rhag anghofio
Fod dewrder yn rhan o'n crwsâd.

O! boed ein haelodaeth yn gyflawn,
Ar alwad Gwaredwr mor driw,
A rhown ein gwasanaeth i'w Deyrnas
Yn, aberth o ddiolch i Dduw.

D. HUGHES JONES, RHYL

CWMNI DUW

Pan fo'r nos yn mynnu gwthio
Bysedd oer i dagu'r dydd,
Pan fo ofnau a phryderon
Bron yn drech na sicrwydd ffydd,
   Dyna'r adeg
Rwy'n dyheu am gwmni 'Nuw.

Pan fo'r dydd yn ddu gan ofid,
Pan fo'r haul yn colli'i wres,
Pan fo'r croesau yn rhai trymion,
Tyn, fy Nuw, O! tyn fi'n nes:
   Dyna'r adeg
Rwy'n dyheu am gwmni 'Nuw.

Gwn na fydd 'r un dydd cyn ddued
Na bo golau'n treiddio'n glir
Heibio'r poenau a'r gofidiau
I'm adfywio cyn bo hir.
   Dyna'r adeg
Rwy'n dyheu am gwmni 'Nuw.

ELINA OWEN, BETHESDA

BENDITHION

Rhown glod i Ti, O! Arglwydd Dduw,
Tydi yw ein cynhaliwr;
Mae popeth hardd a da sy'n bod,
Yn dod o'th law, ein Lluniwr.

Tydi sy'n tywallt, Arglwydd Mawr,
Bob awr dy lu fendithion
Ar blant y ddaear; fe gant oll
Rinweddau'r holl gysuron.

Rhyfeddu ydym, un ac un,
Caiff dyn ei lwyr ddigoni;
Anfeidrol ffyddlon wyt, O! Dduw,
Tragwyddol dy ddaioni.

Er hyn tragwyddol fwy, ein Tad,
Yw'n diolch am yr Iesu,
Cans hebddo Ef pa fendith gawn
A ddaw i'n llawn ddiwallu?

ROBERT PARRY, BIRMINGHAM

EMYN SULGWYN

Arglwydd, maddau i'th ddisgyblion
  Ofnus am eu diffyg ffydd;
Er in weld y maen a dreiglwyd –
  Arglwydd Bywyd eto'n rhydd:
    At rai nychlyd
    Anfon d'Ysbryd,
Anfon d'Ysbryd i'n bywhau.

Daethost gynt at ddynion llwfwr
  Gwnaethost hwy yn ddewr a hy';
Tyred eto, ni erfyniwn,
  A'th gorwyntoedd drwy y Tŷ:
    Tyrd i'n hysgwyd
    Ni'r rhai cysglyd,
Anfon d'Ysbryd i'n bywhau.

Bu'r tafodau yn llefaru
  Drwy y rhai oedd fudion gynt;
Daeth y fendith i'r tyrfaoedd
  Ar adenydd Nerthol Wynt:
    I'n byd ynfyd
    Doed dy Ysbryd,
Anfon d'Ysbryd i'n bywhau.

Nad i'n fyth fodloni aros
  Yn ein lloches ddiogel, glyd
Rho i'n nerth i fentro allan
  I wynebu her y byd.
    Yn ei hawddfyd
    Crefwn d'Ysbryd,
Anfon d'Ysbryd i'n bywhau.

ELINA OWEN, BETHESDA

EMYN PRIODAS

Yng ngŵydd cyfeillion heddiw
  Ar aelwyd Tŷ ein Duw,
Dau gariad wna adduned
  Wrth iddynt ddechrau byw.
A boed i'w cariad dyfu
  Yn llawn fel derwen gref,
I sefyll yn y ddrycin
  A phan ddaw gwenau'r Nef.

Eu haelwyd fo yn gynnes
  A llawen iawn o hyd,
A lle i'r Iesu arni,
  Ac yna, gwyn eu byd.
Cydweithio yn ei gwmni,
  Ymddiried yn ei nerth;
Cydlawenhau yn wastad
  Ym mhopeth sydd o werth.

JOHN ERIC HUGHES, ABERGELE

Y Nadolig

SYMFFONI'R PRESEB

Mae'r sêr heno'n pefrio yn llawen uwchben,
A seiniau gorfoledd sy'n atsain drwy'r nen.
Mae tannau y delyn yn mynnu rhoi cân,
Gan uno ym moliant yr engyl glân.

Dowch chwithau'r llinynnau i ddyblu y sain,
Er tloted y stabal, a'r awel mor fain;
Mor gynnes ein croeso wrth ganu ynghyd
Ein hanthem i gyfarch Gwir Brynwr y Byd.

A'r melys chwythbrennau, dowch chwithau yn llon,
Gan blethu cyfalaw ar noson fel hon.
Boed cân ein llawenydd yn atsain drwy'r ne',
A seiniau ein hanthem yn llenwi y lle.

Dowch chwithau yn llawen, chwi offer o bres
I chwyddo y moliant â'ch cynnwrf a'ch gwrês.
Mae symffoni'r cread yn seinio'n gytûn
I ddathlu'r rhyfeddod ddod Duwdod yn ddyn.

Mewn rhythmau o foliant cawn uno ynghyd.
Tabyrddau sy'n seinio'n llawenydd i'r byd.
Dowch! Codwch eich calon, a dawnsied eich traed,
Mewn stabal ym Methlem, Gwaredwr a gaed!

Ein carol atseinia drwy'r nefoedd a'r llawr;
Fe ddaeth gwaredigaeth, cyd-ganwn yn awr!
Angylion, bugeiliaid a doethion yn gôr
O gylch yr ystabal, rhown foliant i'r Iôr!

ALED LLOYD DAVIES, YR WYDDGRUG

MOLI'R IESU

Mor hyfryd yw yr anthem fawr,
Am eni Baban Mair,
Daeth hedd i'r byd mewn mawl a chân,
Drwy'r bychan yn y gwair.
Dros fryn a dôl disgleiriai'r sêr,
I alw pawb ynghyd,
A'u tywys wnaeth un seren dlos
I Fethle'm at y crud.

Bugeiliaid mwyn a'r doethion dri,
A ddaethant tua thref,
I uno yn y moli mawr, –
Hosanna iddo Ef.
Plygasant wrth y preseb tlawd,
Gyda'r anrhegion lu,
A chanu pêr angylion glân,
Yn suo'r Baban cu.

Diolchwn ninnau am y rhodd,
Sy'n obaith dynol ryw,
Y gwir Feseia yw Efe,
Addewaist Ti, O Dduw.
Fe ganwn glod i'r Ceidwad mawr,
I Iesu, Frenin nef,
A'i ddilyn wnawn o ddydd i ddydd,
Ein cariad ydyw Ef.

MRS ENID ROBERTS, BANGOR

CAROL

I nef y nos daeth gwawl
a dallu'r mynydd maith,
a chôr yn addo Un
i esmwytháu y daith;
cyhoeddwyd geni Ceidwad dyn,
Meseia Duw a'i Fab ei hun.

I nef y nos daeth gwawl
o seren newydd sbon
na welwyd 'rioed ei bath, –
i'w taith fe ddenodd hon
frenhinoedd dri o'u plasau gwych
at Forwyn Fair yn llety'r ych.

Yn nos ein dydd mae'r gân
mor bêr ac oesol syn,
a golau'r seren glaer
i'n byd o hyd ynghynn,
mae'r stabl lom a'r preseb gwael
yn addo hedd ein Ceidwad hael.

NORMAN CLOSS PARRY, CARMEL

CAROL Y GORTHRWM

I Fair, Fendigaid Forwyn, Mab y Tad
  A aned heb gael croeso yn un man;
Daeth lloches oer y beudy iddo'n rhad
  A huno yn y preseb fu ei ran.
Y Gair a wnaed yn gnawd. O, hyfryd ddydd;
Daw teulu dyn, trwy Grist, o'u rhwymau'n rhydd.

Diloches ydyw'r Baban gwan o hyd;
  Agorwn ddrws y llety yn ddi-oed.
Mae'r hoelion llym yn mhren ei arw grud
  A'r goron ddrain mor giaidd ag erioed:
O, llifed ei faddeuant gyda'r wawr
I gyrion duaf eitha'r cread mawr.

O gyrrau pella'r ddaear deued dyn,
  Y du, y gwyn, y melyn, law yn llaw;
O, teithied y cenhedloedd yn gytûn
  Heb wrando ar lais mamon, brenin braw:
Heb ddur yn taro dur, yn gâr a brawd
Addolwn Frenin Hedd mewn preseb tlawd.

Llewyrched seren Bethlem uwch ein byd
  A thorred cân angylion ar ein clyw:
Ymgrymwn fel y doethion dri o hyd
  Wrth breseb Baban Mair, eneiniog Duw:
O, boed i dangnef Crist a'i gariad Ef
Ddyrchafu'r gwael, y gwan, a'r trist eu llef.

MAIR WILLIAMS, PENGORFFWYSFA

GWEDDI ADFENT

Eisioes, a'r Adfent yn nesu – gwelir
sawl golau'n llewyrchu,
Ond, Iôr, bydd yn dymor du
Heb i'n hoes dderbyn Iesu.

DYDD YR HALELIWIA

Heddiw, Arglwydd yr Arglwyddi, – a Duw
y duwiau mewn difri
a dry'n was i'n daear ni
a thon o obaith inni.

DUW GYDA NI

O! anfon Crist o'r Gwynfyd – i'n daear,
ymwêl Duw a'n collfyd.
Yna'n wyrthiol ni wrthyd
ei bobl hyd ddiwedd y byd.

Y GWRTHWYNEBWYR

Er seiniau y clychau clod, – er y mawl,
er maint y Rhyfeddod,
Gristion, clyw! er i Dduw ddod,
erys dilynwyr Herod.

DUW'R CARIAD

I Air sy'n darddle'r Cariad – ei rannu'n
rhiniol ydyw'r bwriad.
O'i rym cwbl daw'r ymwacâd
a dilyw'r ymgnawdoliad.

EINION EVANS

WEDI'R NADOLIG

O'n blaen daw pob eilunod – heddiw'n wefr
Ddydd a nos drwy'r gofod;
Anghydnaws y naws a'r nod,
Diobaith, digydwybod.

Â'i faswedd cyfareddu – y miloedd
Mae eilun y teulu;
Dynion llac, fe'u dena'n llu
A'i druth i lygadrythu.

Diarwybod o'r rhiebiwr – yw ein plant,
Yn eu plith mae twyllwr
Y gair mwys, a gormeswr
Y gân bop ddistop ei stŵr.

Ni all Mamon ddigoni, – y trachwant
Sy'n trochi'n cartrefi;
Mae dy win yn ymdonni,
A'th lun noeth a welwn ni.

Heb saib daw'r hysbysebion – i'n hudo
Trwy berswâd coegddynion
A'u rhithiau, – pwy ŵyr weithion
Yn eu tai ddylanwad hon!

Yn isel eto ceisiwn – wyneb Iôr,
Yn ddi-ball ymbiliwn,
Ac aros mewn defosiwn
Rhag ysbryd y byd a'i bwn.

O! rho ffafr i deulu'r ffydd, – y gweddill
A'u gwaedd atat beunydd;
Diystyr yw dathlu'r dydd
A'i grud, heb y Gwaredydd.

R. GLYN JONES, CONWY

AC WELE!

Mae'r eira'n drwm ar y coed Nadolig
  Ar fryniau Bosnia!
Mae'r plu plwm yn lluwchio'n haerllug
  Trwy heldrin y Fall!
Y myrddiwn stribedi tinsel yn ymwâu
I simffoni y clecian a'r crensian diddiwedd!
  A thrwy'r heth farwol
Daw ymddiheuriad o dinc, egwan
  Cloch y Cynnig Ola!

Mae'r bugeiliaid wedi hen filitareiddio
  Ar fryniau Bosnia!
Mae'r llewpart cuddliwiog wedi llarpio'r ŵyn!
Collodd y Tri Gŵr Doeth eu ffordd –
Wedi ffwndro'n lân wrth ddilyn pob rhyw seren wib;
A ffeiriwyd eu anrhegion prid
Am wn, mortar a bom!
A thrwy cacoffini'r diawl
Daw anobeithiol dinc egwan
  Cloch y Chwilio'n Ofer.

Yn garpiog swatiant yn y gwellt gwaedlyd
  Ar fryniau Bosnia!
Yr ych a'r hen ful bach
Ers tro wedi gorffen bod yn ginio Sul.
Ond trwy'r tarth drewllyd a'r llaca
Daw gwên gynnes 'rôl gwewyr geni!
A phwy a ŵyr na chlywir eto
Rhyw hen angel bach yn Haleliwio
  Yr Hen Obaith Newydd?

E. Wilson Jones, Rhewl

NOËL (Cyfieithiad)

O, sanctaidd nos a'r seren fry yn olau,
Y nos y ganwyd Mab y Dyn.
Llwyd oedd y byd dan gwmwl ei gamweddau
Nes ymddangosodd Duw ei hun.
Drwy'r cread oll mae ias o obaith tirion
A newydd wawr yn torri uwch y crud.
Plygwch i lawr i glywed yr angylion,
O, ddwyfol nos, pan aned Crist i'r byd,
O, ddwyfol nos, pan aned Crist i'r byd.

Seren y Ffydd uwchben y byd yn gwenu,
A chalon lawn down at breseb y gwair,
Doethion yn dod a'r seren yn eu denu
O'r Dwyrain draw i wireddu y gair.
I feudy'r ych daeth Brenin y brenhinoedd
I fod yn ffrind i bawb o'r ddaear hon,
Gŵyr ef am boen a gofid y canrifoedd,
Eich Brenin yw, ymgrymwch ger ei fron.
Eich Brenin yw, ymgrymwch ger ei fron.

Dysgodd y byd i garu pawb ei gilydd
A daw â'r caethion o'u rhwymau yn rhydd,
Cariad ei ddeddf, a hedd yw ei efengyl
Ac yn ei Enw tangnefedd a fydd.
Caniadau llon o ddiolch a gyd-ganwn
Boed i ni oll fawrhau ei Enw ef,
Crist yw yr Iôr, a'i Enw fyth a folwn.
Noël. Noël. Fe ddaeth tywysog nef.
Noël. Noël. Fe ddaeth tywysog nef.

DIC JONES, BLAENANNERCH

'GANWYD CRIST YM METHLEHEM'

Carol i'w chanu ar
'Quem Pastores Laudavere'
[Atodiad rhif 804]

Seren lachar yn disgleirio,
  Tua'r stabl mae'n cyfeirio
Dewch i weld y wyrth gaed yno –
  Ganwyd Crist ym Methlehem!

Doethion dri yn teithio'n gyson,
  I ble'r ânt â'u drud anrhegion?
Mae cyfrinach yn eu calon –
  Ganwyd Crist ym Methlehem!

Daw bugeiliaid dros y meysydd
  A'u hwynebau'n llawn llawenydd,
Clwysant sôn am frenin newydd –
  Ganwyd Crist ym Methlehem!

Fry mae'r seren eto'n gwenu
  A'i gwahoddiad clir i ddathlu,
Dewch ac unwch bawb i ganu –
  Ganwyd Crist ym Methlehem!

DOROTHY JONES, LLANGWM

GŴYL Y GENI

Testun cân yw Gŵyl y Geni –
  Daeth Gwaredwr mewn iawn bryd,
I rai'n rhodio mewn tywyllwch
  Torrodd gwawr Goleuni'r byd;
    Iachawdwriaeth,
Heddiw ganwyd Iesu Grist.

Clywodd rhai nefolaidd seiniau,
  Gwelodd eraill seren gref,
Yna, teithio yn ddisgwylgar
  Draw i oedfa Bethlem dref;
    Tlawd a bonedd
Yn cydnabod Iesu Grist.

Prin o foethau a chysuron
  Oedd y beudy llwm a thlawd,
Ond o fewn ei breseb garw
  Gwelwyd Duw mewn gwisg o gnawd;
    Rhinwedd nefol
Ddaeth yn haeddiant Iesu Grist.

Dod ynghyd ar Ŵyl y Geni
  Wna trigolion gwlad a thref,
I foliannu'n frwd a llawen
  Y Newyddion Da o'r nef
  Llawn gorfoledd
Yw Efengyl Iesu Grist.

ARTHUR JONES, LLANRHAEADR

NADOLIG

Ein harfer yw tyneru ein hwyliau
A'r 'Dolig yn nesu,
Rhoi mawrhad i'r Ceidwad cu,
A'i adael yn y beudy.

R. J. ROWLANDS, Y BALA

DAETH Y GAIR

Duw i bawb mewn dillad baban; – isel
Breseb ei orweddfan;
Hwn yw'r gair i'r tlawd a'r gwan,
Dwyn ein baich mae'r dyn bychan.

CLWYD HUGHES, TREFNANT

IOAN PENNOD 1: adnod 14

Duw hael yn ymgnawdoli, – yn ddynol
Ddihenydd, a'i eni
O Fair yn Fab o fabi
O dras y Tragwyddol Dri.

D. HUGHES JONES, Y RHYL

GŴYL Y GENI

Daw y Seren eleni yn ei rhawd
Tua'r Haul i'n llonni;
A gawn ar Ŵyl y Geni
Ŵyl o hedd yn ei gwawl hi?

ALED JONES, RHUDDLAN

Y Canu Rhydd

Y MURDDUN

Pan dyr y wawr ar dorlan werdd,
Pan gyfyd cerdd o'r goedwig,
Digynnwrf yw, ni chlyw, ni wêl
Y byd o'i argel unig.

Pan enfyn haul ei wenau rhydd
I lithro dydd i'r llethrau,
Saif yn ddigyffro, swrth ei wedd,
A'i fawredd yn ei furiau.

Ond pan ddaw'r lloer i wylio'r fan
Uwch tawel lan breuddwydion,
Pryd hyn bydd cewri cynnar bro'n
Ymysgwyd o'r cysgodion.

MISS BARBARA GRIFFITHS, Y RHYL

Y CYFARFOD

Mae'n nhw'n cyfarfod yn rhywle heddiw,
Y doethion ariangar i gyd,
I drin ac i ail drafod dyledion,
Hen wledydd bach pitw ein byd.
Y nhw, a fu'n gwerthu yr holl arfau,
Y nhw, a fu'n cynnig y gwn,
Y nhw gyda'i dwylo bach meddal
Fu'n meiddio rhoi llog ar y pwn.
A ninnau yn ail daro rhyw emyn
Mewn oedfa ein crefydda trist,
Y ni a wnaeth y dur i wneud hoelion,
Cyn eu curo i ddwylo'r Crist.

JOHN GRUFFYDD JONES, ABERGELE

OS OES UN RHINWEDD

(Philipiaid p.4 adn. 8)

Beth bynnag sydd yn onest
  Fel toriad gwawr bob dydd,
Neu'r cariad ar Galfaria
  A'n prynodd oll yn rhydd.
Gwna ninnau'n onest ymhob peth,
  Gan ddal i'th ddilyn yn ddi-feth.

Beth bynnag sydd yn hawddgar
  Fel machlud ar y lli,
Neu rhywun yn rhoi cymorth
  I'r gwan, yn D'enw Di.
Gwna ninnau'n hawddgar iawn ein pryd
  Ar hyd y daith yn hyd o fyd.

Beth bynnag sydd yn gyfiawn
  Fel nyth i'r 'deryn bach,
Neu hawl i'r plant bach tywyll
  Gael tyfu'n gryf ac iach.
Dysg ni i gario'r groes heb gwyn
  A gwna ni'n gyfiawn er Dy fwyn.

JOHN ERIC HUGHES, ABERGELE

Y FODRWY

Cylch prydferth o berffeithrwydd yw ei llun,
Ac onid gwyrth yw modd ei gwneuthur hi?
O galon craig, carreg, dan ddwylo dyn,
Yn esgor ar addurniad coeth o fri.
Gwnaed hon yn bur trwy brawf y dŵr a'r tân,
Llungerfiwyd hi, a rhoddwyd arni sêl
Cywirdeb mesur, mewn rhifnodau mân,
Di-amod sail o'i gwerth i'r neb a'i gwêl.
Dan fendith daeth i orffwys ar fy llaw,
Dolen o gadwyn cariad mab a merch;
Ninnau yn ffyddiog byddai'r llwybr draw
Yn hawdd ei gerdded gyda chamre serch.
Profodd ei phris, hindda ac adfyd drud.
O fewn terfynau hon amgauir byd.

MRS. AUDREY MORGAN, ABERAERON

JOB 37: 14

"Ma'r jacmor wedi crino
a'r dail i gyd yn glaf,
ma'r cra'fol wedi cochi
a'r piws mewn ffarwel haf . . ."
Ond sgwrs a sylw gwreigan glên
a'i thrwyn yn tynnu tua'i gên.

Ma'r combein yn y c'neua
yn g'neud Van Goch o'r llain,
ma'r bryn fel gwasgod esgob
dan rug, – ma'r gwynt yn fain.
Daeth ias pan aeth y wreigan glên,
'roedd blwyddyn eto'n mynd yn hen.

NORMAN CLOSS PARRY, CARMEL

YR HEN GAPEL

Ti fuost gynt yn gyrchfan seintiau'r fro
Am genedlaethau, ond daeth tro ar fyd;
Mae'r adar heddiw'n nythu yn dy do
A dant y llew sy'n siarad, – er yn fud!
Moel ydyw'r pulpud heb y Beibl Mawr
Ac ni ddaw cennad mwy i draethu'n frwd,
'Does mwyach neb yn dyblu'r gân yn awr
A gwelir hwnt ac yma farc y rhwd,
Ond er nad oes addoli yma mwy
O'th fewn mae rhyw brysurdeb oriau maith,
Fel cynt 'rwyt eto'n gyrchfan yn y plwy
Ond heddiw deuant yn eu dillad gwaith;
A lle bu atsain emyn dyddiau gynt
Nid oes ond rhu peiriannau yn y gwynt.

MRS. MIRIAM OWENS, BETWS YN RHOS

AR DROTHWY'R MILENIWM

Ar drothwy'r mileniwm dewch 'nôl i'r Praetoriwm
Gweld gwatwar un gwirion, gweld gwrthod Mab Duw;
Ond Peilat a Herod ddaeth nawr i ystyried
Oes newydd dystiolaeth rydd hawl iddo fyw?

Pa le mae'r cyhuddwyr a waeddodd yn wawdlyd
A'r dyrfa anwadal? tawelwyd eu sgrech;
Ac heno mae'r llys yma'n orlawn o dystion
O blaid y diffynnydd a'u moliant yn drech.

'Rhen Ficer, Ben Ffransis, George Rees, Pantycelyn,
Charles, Elfed, Rhys Niclas a Williams o'r Fro,
Yn enau i filoedd ar lwybrau'r canrifoedd
Sy'n eiddgar i dystio o'i blaid yn eu tro.

Cofleidiwn eu geiriau sy'n sôn am bŵerau
A ddrylliodd gadwynau a'n gosod yn rhydd,
I'w fintai dychwelwn ar drothwy'r mileniwm
I ganmol 'da'n gilydd oludoedd ein ffydd.

MAXWELL EVANS, PENARTH

CERDD: Y MILENIWM

Pa bethau fydd Cymru(y) yn ddathlu
Pan dderfydd y ganrif cyn hir?
Ai gweled grym yr Arglwyddi
Yn brysur ddiflannu o'r tir?
Ai torri hualau'r cadwynau
A'n clymodd wrth estron fyd?
Ai gweld y Cynulliad yn cynnig
Gobaith ein rhyddid drud?
A roddwn glodydd yn gytûn
Yn ddwyfil oed i'r dwyfol Un?

Sut cofir y ganrif aeth heibio
Pan ddelo'r flwyddyn i ben?
Ai blodau a welir yn ôl ei thraed,
Neu ddagrau a dicter a sen?
A lenwir ein c'lonau â balchder
O'r gwaddol gyflwynwn i'n plant,
Ynte dioddef fydd raid eu condemniad,
A wermod yn chwerwi eu mant?
A gofiwn ni yr hyn a roed
Gan Ddwyfol Un sy'n ddwyfil oed?

A phan ddaw gwawr y mileniwm,
Bydd parti i'r plant ar bob stryd;
A gwelir baneri'n cwhwfan
Uwch bwysig neuaddau y byd;
Coelcerthi'n goleuo'r copaon
A chanu bydd clychau pob llan;
Mileniwm yn marw a rhoi hawl
I ninnau gymeryd rhan
I ddathlu yn ein ffordd ein hun,
Dy ddwyfil oed o Ddwyfol Un.

DEWI PARRY JONES, LLANDUDNO

AR GOLL

Mae dyn ar goll yn crwydro yma a thraw;
Er bod rhyw Nerth i'w arwain ar bob llaw,
Mae'n anwybyddu'r Grym a'r Golau gwiw
A'r Gallu ddaeth i'r byd trwy ras ein Duw:
Ar goll bydd dyn a chrwydro wnaiff o hyd
Heb newid cwrs ei daith tra yn y byd;
O'i ofid mawr mae Duw am arwain dyn,
A dyn yn mynnu mynd ei ffordd ei hun.

METHU PENDERFYNU

Mor wantan ydyw dyn ar groesffordd serth,
Yn methu penderfynu p'le mae'i nerth:
Mae llwybyr cul, a llydan ffordd o'i flaen
A llawer rhwystr brwnt a thramgwydd-faen:
Ond Duw a dry pob maen yn gamfa gre'
I arwain dyn o'i uffern fry i'w ne'.
Agored llygaid dyn i weld y gwir
A gweld yr anwir sy'n difwyno'r tir.

FFOI

Mae dyn yn mynnu ffoi, – mae'n ddall i'r Gwir
A'i gefn ar Dduw yn crwydro'r tywyll dir.
Er ceisio ffoi a chyrraedd ardal 'well',
Nid gwyrdd yw'r borfa yn y fangre bell;
Pam ffoi ac anwybyddu cyngor Duw –
Ei wrthod Ef a cholli Nerth i fyw?
Paid ffoi, ond tyrd i'r Bywyd euog ddyn,
Gan garu pawb o'r bron a byw'n gytûn.

DILYS BAYLIS, LLANBERIS

Telyneg: GENI

[Seiliedig ar Efengyl Ioan 16: 17-33]

Llithrodd y nos tros afon Cedron
Yn ddu fel cysgod cledd.
Wrth groesi'r dŵr 'roedd min yr awel
Yn finiog fel siswrn bydwraig,
Ac wedi'r wledd,
Daeth amser gwahanu.

Yna o'th flaen yn dy aros
Mae awr annibyniaeth didostur
Gethsemane.
Eiliadau mor ddi-ddianc â beichiogrwydd
A'u cri
Fel crïo strydoedd Rama a Dunblane.
A'r boen
Fel gwewyr esgor.

Daeth golau cynta'r bore i ddawnsio ar donnau Tiberias
A'u llepian araf ar y rhwydi gwag
Yn edliw trwmgwsg tri tan y coed Olewydd.
O'r lan, daeth llais yn galw i ddod a bwyta, fel o'r blaen,
Ac yn dy gyffro neidiaist fel plentyn yn noeth i'r dŵr,
Gan adael y rhwydau eilwaith,
A chamu'n fras trwy'r tonnau at y Gŵr.
Ac wedi'r cyrraedd,
Daeth awr ei gael yn ôl,
Awr llawenydd
Na ŵyr neb amdano'n iawn
Ond mam,
Â phlentyn yn ei chôl.

Aneurin Owen, Llansannan

TELYNEG

Acw,
mae Ynyr a Rhys
yn eu gwelyau, heno;
ninnau wedi ymlâdd
ar ôl dweud y drefn, droeon,
am gicio blaen eu ’sgidiau’n dwll
a gwlychu’n slemp wrth ddal ati
ar waetha’ cawod drom;
gwrthod noswylio, wedyn, –
eisiau dal i chwarae;
dwrdio drachefn,
ond rwdlian a chwerthin
sy’n y llofft tan berfeddion . . .

Chwarae oedden’ nhwythau, hefyd, –
dringo
a chrwydro:
ond yn Llandyrnog
ac ym Mlaenau Ffestiniog,
mae tad a mam
a fyddai’n rhoi eu byd i gyd
am gael dweud y drefn
yfory.

EIFION LLOYD JONES, PRION

YR OLWYN

Pan oeddwn i yn fachgen,
A 'nhaid yn mynd i oed,
Fe holai am yr ysgol
Wrth gerdded llwybrau'r coed.

Nid oedd yn gallu darllen
Nac ysgrifennu chwaith,
Yr oll oedd ganddo'i gynnig
Oedd ffrwyth ei brofiad maith.

Ar ôl i mi esbonio
Beth ddysgais wrtho fo,
Â dryswch yn ei wyneb,
Ei ateb fyddai, O!

'Rwyf heddiw'n daid fy hunan;
Fy wyrion ddaw am dro
A 'sbonio'r cyfrifiadur.
Atebaf innau, O!

STAN JONES, NEFYN

'GOLAU'R GANNWYLL'

Pan oeddwn fachgen bychan gynt,
Yn ysgafn fron a rhwydd fy hynt,
Penlinio wnawn ar derfyn dydd –
A channwyll olau'n dyst o'm ffydd.

Yng ngolau'r gannwyll clywais sôn
Am chwedlau ac am wŷr mawr Môn
Am Branwen brydferth a'i brawd mawr –
Am Geidwad ac am 'lwch y llawr'.

Yng ngolau cannwyll dyddiau fu
Fe gafodd Cymru berlau lu;
Gan Ann, r'hen Bant, a llawer un
Fu'n moli rhinwedd Mab y Dyn.

Sawl cannwyll tybed losgwyd gynt
Yn sŵn y storm, y glaw a'r gwynt,
Yn nhrigfa'r Esgob pan oedd ef
Yn rhoi i'n hiaith oleuni'r nef?

Er golau'r trydan geir yn awr
Yn ein haddoldai, bach a mawr,
Canhwyllau'r Allor ddwed o hyd
Mai Crist yw gwir oleuni'r byd.

W. H. JONES, BAE PENRHYN

DIWRNOD I'R BRENIN

Cyn dod o'i hofergoeliaeth o Wlad y Gân yn rhydd,
A chyn gwneud elw'n Arglwydd fe fyddai teulu'r Ffydd
Yng ngrym eu diniweidrwydd yn credu braidd o'r crud,
'Chwe diwrnod y llafuri ac y gwnei dy waith i gyd,
A'r seithfed y gorffwysi'. O fore gwyn tan nos
Nid oedd na sŵn na symud ar fferm na chae na chlos.

A byddai sain defosiwn yn llenwi'r Llannau gynt,
A phregeth ar yr awel, a gweddi yn y gwynt,
Ac oriau eu seguryd mor felys â hen win
Yn ail unioni gwarrau dyddiau'r llafurio blin,
Gan fwrw lludded wythnos eneidiau plant y llawr,
A'r diwrnod wedi es roddi i gyd i'r Brenin Mawr.

IFOR OWEN EVANS, SARNAU

MURIAU

Go brin fod neb yn sylwi arno nawr,
Ac yntau draw ar gyrion yr hen fro.
Y cen yn cuddio llygaid llofft a llawr,
A'r eiddew fel rhyw garthen tros ei do.
Y glaswellt guddia'r llwybyr at y drws
A dim ond colfach lle bu iet heb nam,
Ble'r aeth y llwyni gwyrdd a'u blodau tlws
A'r fainc lle gynt eisteddai Nhad a Mam?
R'ôl aros cetyn dan deimladau dwys
A'r glicied oer yn gynnes yn fy llaw,
Mentrais i mewn a rhoi i lawr fy mhwys,
A'r hen atgofion erys yn y baw.
Pwy fardd ddweud wrthyf mai dychmygu wnawn
I eiriau ddod o'r muriau un prynhawn.

A. WYNNE EDWARDS, TREGARON

DYLANWADAU'R GORFFENNOL

Ymlwybrais neithiwr drwy noson ddu
Gan daflu cipolwg ar dŷ a thŷ,
A chofio y rhai a fu'n byw ynddynt gynt,
Adawodd y fuchedd heb gofnod o'u hynt;
'Roedd taith eu blynyddoedd ac olion pob troed
Fel rhith rhyw orffennol nas gwelwyd erioed.

A chilio, fel hwythau, y byddaf fi
I gaddug yr oesau heb gofeb na bri,
Rhyw ddolen gyswllt a gafodd fod
I glymu'r gorffennol i'r oes sydd i ddod,
A gwagedd yw credu fod pwrpas fy myw
Yn rhan anhepgorol o gynllun eu Duw.

Ond para mae'r winllan drwy'r oesau hir
A chwŷs hen freuddwydion yn wrtaith i'w thir,
A chyd-ddyheadau trigolion y llawr
Roes sylwedd i amcan y 'Cynllun Mawr'.
Boed i'r ffydd a'u dyrchafodd o'u bywyd blêr
Fod yn fodd i 'Mi' deithio orielau y sêr.

JOHN MORRIS JONES, RHUDDLAN

CADW'R FFYNNON

Pan fo'r pydew yn fudr, heb fwrlwm na nwyd,
A dyfroedd y llynnoedd yn llonydd a llwyd;
Er fod llygredd y nentydd yn tagu hen gân;–
Rhaid cadw y ffynnon yn lân.

Pan fo'r dail oll yn llipa; pan fo'r egin yn wan;
Pan fo gwynt oer y dwyrain yn crino pob man;
Er yr hirlwm a'r barrug gaeafol ei gur; –
Rhaid cadw y ffynnon yn bur.

Pan fo mwswg' bygythiol yn lladd popeth hardd;
Pan fo chwyn yn cordeddu drwy flodau yr ardd;
Er gwaetha'r holl gwyno ddaw'n gyson i'n clyw; –
Rhaid cadw y ffynnon yn fyw.

Yn wyneb difrawder dihyder ein hoes;
Er cleisio pob gobaith gan wyntoedd sy'n groes.
Rhaid gwarchod y "pethe", rhoi cân ymhob nant; –
Rhaid cadw y ffynnon i'n plant.

Mewn gwlad sy' mor fynych yn chwennych pob chwa
A ddaw dros y gorwel, a'i hawel a'i ha'.
Rhaid sefyll yn gadarn, er pob storom a chwyth; –
Rhaid cadw y ffynnon am byth.

ALED LLOYD DAVIES, YR WYDDGRUG

DYHEAD AM NEFOEDD

(Rhydd addasiad o waith Mary Wilson –
'A Plea for Heaven')

Mae'n rhaid fod na rywle lle mae'r plant yn mynd
sy'n marw mewn poen, gan ofyn i'w mamau Pam?
Rhyw fan gwyn fan draw heb fraw
ein dagrau ni, lle y cânt deithio'r blynyddoedd
a'r aeddfedrwydd coll?

Fydd y rhai mewn brwydr neu ddamwain
a ffrwydrwyd o fywyd, heb amser i ddweud gweddi,
yn deffro i dangnefedd, a chanfod
yr hunan leiddiaid, yr anabl a'r deillion
wedi eu hadfer i gyflawnder yno?

Ai i'r wlad honno y deuwn ni o'r diwedd,
o fywyd trwy farwolaeth, y deuwn drachefn i fyw
gan wybod o'r diwedd y rheswm am ein poen,
a gweld y rhai a garwyd ac a glwyfwyd, drachefn,
a gofyn iddynt faddau?

Diflannu wna delweddau plentyndod –
Dim Sant Pedr yn disgwyl â'i oriadau
i agor giatau llachar ar heolydd aur,
Dim angylion disglair yn dadorchuddio'u hadenydd
i'n cyfarch, dim o'r rhain.

Ond y fath heddwch nad adwaenwn ni,
a goleuni na welwyd ei fath o'r blaen
oni bai y gwelsom gip wedi machlud
ar nosweithiau Sul yn yr Haf 'mhell yn ôl.

O Ysbryd a'n tywysodd cyhyd; mae'n rhaid
mai fel hyn y mae, O, Dduw a garwn ni!
Fyset ti ddim yn ein taflu ni i gwsg di-ddiwedd,
i ddiddymdra mor enfawr a dwfn
i'n colli am byth?

ALED LEWIS EVANS, WRECSAM

ATGOF

Croesi Trawsfynydd
  Yn yr oriau mân
A 'lleuad borffor'
  Yn rhoi golau glân
Lledrithiol ei naws
  I breiddiau'r fro
A'm hudo innau
  Dros lwybrau'r co'.

Oedi ar y bont
  I wrando ar 'sŵn
Hen afon Prysor',
  A chlywed cŵn
Yn cyfarth draw
  Ar y 'mynydd llwm',
'Does ryfedd i'w ysbryd
  Ddod ataf i'r cwm.

STANLEY G. LEWIS, LLANNON

MYFYRION

Nid methu a wna'n heglwys ni mewn dyddiau dwys,
Ond llwyddo yn y pethau nad ŷnt fawr o bwys.

Nid colli'r ffordd i Dŷ ein Tad ar ddiwedd dydd;
Anghofio ei gyfeiriad, – dyna'r tristwch sydd.

Nid rhyfedd fod y saint yn methu'n lân
Tra'n ceisio torri syched â glaw mân.

Nid pwysau'r marchog wna i'r asyn gicio'r drefn
Heddiw, ond baich yr harnes trwm roed ar ei gefn.

O. R. PARRY, RHUTHUN

CHWITHDOD

Â'r afal yn fy nwylo, daeth
'. . . Mae'n Sul cyntaf o'r mis
a'r arferiad yw adrodd y Deg Gorchymyn . . .'
  a
'Na ladrata,' John Wilias
fel curiadau cenllysg
  i oeri gwegil â'u Gwynder
    ac anfon iasau
      o gysgodion yr hen gapel
        i lawr gwar.

Slwtj yw'r cenllysg bellach,
  yn toddi yng ngwres y gwter,
    yn fudur gan olwynion oes
      sy'n chwistrellu llysnafedd,
A'u curiadau mor ddieithr
  â'r
'Na ladd,
Na ladrata . . .
Na chwennych wraig dy gymydog . . .'
a adroddai John Wilias gynt
ar Sul cyntaf y mis.

CEN WILLIAMS, LLANFAELOG

CYNHAEAF

Heuasom hadau hawliau'r
Chwedegau'n orffwyll, ffri,
Roedd popeth yn gyfreithlon
Bellach i'n dyddiau ni.

A rhwygodd aradr rhyfyg
Hyd faes confensiwn ddoe,
Chwalwyd hen gloddiau rhinwedd,
Daeth chwyn tra cymerem hoe.

Mor chwithig yw'n pryderon
A ddwed nad hwn yw'r cnwd
A fynnem ddyddiau'r tadau –
Nid gwenwyn yn y ffrwd!

Mae'r cryman ar yr aelwyd
Mae'r bladur ar y stryd
A chombein y dechnoleg
Yn hafoc hyd y byd.

GLYNDWR THOMAS, CEMAES

"LLUNIAU'R WYTHNOS"

Ar Sul y Palmwydd gwelwyd Ef
  Yng nghanol hwyl a miri'r dref,
Llawenydd mawr a gweiddi brwd,
  A'r croeso fel llifeiriol ffrwd;
Canghennau palmwydd ymhob llaw,
  Ac atsain cân fan hyn, fan draw,
'Hosanna' oedd yr uchel lef,
  'Hosanna fyth i Frenin Nef'.

Ar nos y brad fe'i gwelwyd Ef
  Yn gweini'r Cymun yn y dref,
Y cwmni bach yn tawel gwrdd,
  A'r Arglwydd yn arlwyo'r bwrdd;
Cyfrannu wnaed o'r dorth a'r gwin
  I selio'r cymod pur ei rin,
Parhau wna'r wledd yn Nheyrnas Nef
  'Gwneir hyn er cof amdano Ef'.

Ar ddydd y Grog fe'i gwelwyd Ef
  Ynghanol torf tu faes i'r dref,
Rhoed coron ddrain o gylch ei ben,
  Pentyrrwyd arno wawd a sen;
Ei hoelio wnaed ar greulon groes
  Heb falio dim am glwyf na loes,
A'r dyrfa loerig gyda'i llef
  'Croeshoelier Ef, Croeshoelier Ef'.

Ar fore'r Pasg fe'i gwelwyd Ef
  Yn rhodio'r ardd ar bwys y dref,
Ni allodd angau atal rhawd
  Y dwyfol Un mewn gwisg o gnawd;
Er dyfeisgarwch selio'r bedd,
  Cyfodi wnaeth ar newydd wedd,
A thestun cân y byd a'r nef
  'Yw grym ei atgyfodiad Ef'.

ARTHUR JONES, LLANRHAEADR

CRWYDRO

Hwyliodd y moroedd cynddeiriog,
Croesodd anialwch a phaith,
Treiddiodd i'r fforest drofannol
A throedio'r rhewlifoedd maith;
Ac wedi'r holl dramwy ar wasgar
A'i ludded yn brathu pob cam
Yr un fyddai'r anian – dychwelyd
I'w gartref at dad a mam.

Ni chrwydrodd ei frawd o'r pentref,
Ni theithiodd i arall fro,
Bu fyw 'r un stryd â'i rieni,
Mor agos, bron dan 'r un to;
Dieithryn fu hwn ac estron,
Ac anodd yw dirnad pam
Fod pellter, nid pellter milltiroedd
Rhyngddo ef a'i dad a'i fam.

ALAN WYN ROBERTS, BRYNSIENCYN

BORE

Yng ngardd y Joseff arall yr oedd maen
Yn gaead ar feddrod newydd di-raen.

Ac ynddo gorweddai'r Iesu'n fud
A nos anobaith yn gorchuddio'r byd.

Pan dreiglwyd y maen daeth goleuni gwiw
A boreddydd newydd i ddynol-ryw.

Tair gwraig bersawrus yn chwilio'n drist
A gwae'n eu calonnau o golli'r Crist.

Nid oedd Efe yno, 'roedd hynny'n blaen,
Ond llanwodd y byd pan dreiglwyd y maen.

BOB ROBERTS, CAERNARFON

Y FREUDDWYD

'Mae gen i freuddwyd', meddai'r cennad du,
'Fod dyddiau gwell i ddod i ddynol ryw,
Mae gen i freuddwyd fod yr amser fu
Ar gilio, a bod hawl gan bawb i fyw
Yn gydradd – du a gwyn, cyfoethog, tlawd;
Mae gen i freuddwyd y bydd plant fy mhlant
Yn rhydd i rodio gyda chwaer neu frawd,
Beth bynnag fyddo'i lliw, hyd fryn a phant . . .'
Daeth diwedd bywyd Martin Luther King
Un hwyrnos ddu ym Memphis, Tennessee,
A chyda'r fwled honno fe ddaeth ing
A gwewyr, fel cyflafan Calfari:
'Mae gen i freuddwyd', ydoedd neges Crist,
Ond ni ddinistriwyd hon ar groesbren trist.

EVAN J. JONES, LLANALLGO

HIRAETH GWAHANU

Llong yn llithro dros y gorwel,
Gwylan unig ar yr awel,
Lleuad wen yn methu â gwenu,
Dyna'r hiraeth o wahanu.

Seiniau llais a aeth yn ddistaw,
Lle bu nodau pêr yr alaw,
Dwys dawelwch lle bu'r canu,
Dyna'r hiraeth o wahanu.

Tegwch blodau'n colli eu lliwiau,
Aur y machlud dan gymylau,
Coeden werdd heb ffrwythau arni,
Dyna'r hiraeth o wahanu.

Ai dros dro y pery'r gwacter?
A ddaw eto oriau mwynder?
A fydd gwenau i'n croesawu
Wedi hiraeth y gwahanu?

MAXWELL EVANS, PENARTH

ARGYFWNG Y GWLEDYDD

Ni chlywir mwy y ganig fwyn a'r chwerthin
O enau'r plant wrth chwarae'n llon a ffri,
Can's cododd haerllug leisiau'r blin orthrymwyr
Gan alw duwiau'r cig a'r gwaed i'w bri.

O'r Dwyrain draw daw cri a dolef bruddglwyf
Calonnau ysig y sathredig rai,
Ac o'u pentrefi llwglyd clywir dwndwr
Y tanciau dur yn chwalu'n chwilfriw'r tai.

Mae rhyfelgarwyr nwydwyllt heddiw'n wallgo'
Wrth reibio yn ddiarbed fryn a dôl;
Difwynwyd llawer llannerch gysegredig
Gan dreiswyr di-drugaredd, ffiaidd, ffôl.

'Gwyn fyd yr addfwyn' medd y Pen Tywysog
Pan ddaeth i'n daear ni i fyw,
Ac onid dysgu'r wers i barchu cyd-ddyn
A'n harwain bawb yn ôl i fwriad Duw?

JOHN LLOYD, BETWS Y COED

PONTYDD

Hyd heddiw saif hen bont yng ngenau'r cwm,
A'i chefn yn grwm fel bwa dros y lli.
Tyf mwswm melyn rhwng ei meini llwm,
Mae'n gofeb i'r hen saer a'i cododd hi.
A chofiwn bont unigryw Cumbria draw.
Hen bont, a bwthyn ar ei brig yw hon.
A Phont Ochneidiau, Fenys deg, roes fraw
I'r truan a'i tramwyai'n drist ei fron;
Mae sawl hen bont ar hyd a lled y byd
A ddeil i roi i'r llygaid gryn fwynhad.
Mae anweledig bont a haedda'n bryd,
I'r galon ac i'r ysbryd rhydd lesâd.
"Avo pen bid pont" – henair yw o nod.
Bydd di yn was os llyw a fynni fod.

HOWELL PARRY, CAERGYBI

MYFYRDODAU

Mae'r annifyrrwch geir ar wyneb sant
Yn anodd iawn i'w 'sbonio i'r hen blant.

Wrth gyfri y bendithion ddaw mor hael
Y sylweddola dyn fod mwy i'w gael.

Os gwddw stiff sydd gennyt ambell dro,
Diolcha nad giraffe wyt, yr hen go!

Mae nabod un â chwerthin yn ei dôn
Yn well na chanfod decpunt ar y lôn.

Ac erbyn meddwl, mewn cymdeithas wael
Mae'r decpunt weithiau'n llawer haws ei gael.

O. R. PARRY, RHUTHUN

MAGDALEN

Ba waeth mai crwydro'r strydoedd
Oedd galwedigaeth Mair,
Cyn i'r cythreuliaid hynny
Ei gadael ar ei air.

Ni fynnodd Ef gondemnio
Ei byw yng ngŵydd y byd,
Yn hytrach cydymdeimlai –
Dyna a wnai o hyd.

Pa ryfedd iddi felly
Ei ddilyn hyd y groes,
Ac ar brynhawn y gofid
Wylo wrth weld ei loes?

Pwy, ond y hi a'i carodd,
A fynnai'i gorffyn brau;
Ni allodd croes Calfaria
Nac angau eu pellhau.

J. LEWIS JONES, GWERN Y MYNYDD

CAEL Y CYNHAEAF

Mae'r llwyth yn dod i'r gadlas
  Yr olaf lwyth, heb frys,
A'r wagnar yn dinoethi
  Ei ben i sychu'r chwys;
Rhoi'r fforchiad ola' o lafur y das,
Ac am y tŷ a'r "gwleddoedd bras".

Rhaid rhoi y bladur goesgam
  I hongian, rhag y plant,
  A chadw'r gribin hefyd
    'Rôl trwsio ambell ddant –
Hen bethau doe, o hyd o werth
Pan ddaw yr haf i'r llethrau serth.

Bu'r Rhoddwr Mawr, fel arfer,
  Eto yn rhoddwr hael,
Ni raid wynebu hirlwm
  Er gwaetha'r tywydd gwael.
Am hyn na fyddwn ninnau'n fud
I'r cyni yn y Trydydd Byd.

J. Lewis Jones, Gwern y Mynydd

CREIGIAU EGLWYSEG

O ddwndwr Dyffryn Maelor
  A sŵn peiriannau'r byd,
Mi af i fro Eglwyseg
  I brofi peth o'r hud;
Gadawaf ddiwydiannau,
  Ac ymryddhaf o'u rhwyd;
I flasu'r tangnef perffaith
  Sydd rhwng y creigiau llwyd.

Caf lonydd gan y werin,
  A'i rhuthr ddydd a nos,
Mi grwydraf fel pererin
  Ar greigiau'r henfro dlos;
Ymhell o holl helbulon
  Yr oes wyddonol hy',
Arhosaf yng nghyfaredd
  Y pethau hen a fu.

MEGAN ROBERTS, BANGOR

GWYLIAU YM MALTA

(Gweler Actau 28)

Ai hon, yn wir, yw'r gilfach arw ei glan
Lle bwriwyd Paul o ferw'r môr a'i wae?
Mae i'r chwaer ynys, Gozo, hefyd fan
A hawlia'r bri ond hwn, yn siwr, yw'r bae
Sy'n dwyn yr enw ynghlwm. Mae llannau gwych
Melita'n dwyn i gof gynhaea'r Gair;
Cadeirlan hen Medina'n dal â'i chlych
I alw'r saint at Grist – a'r Forwyn Fair.
Ni chiliodd ysbryd mwynaidd Publius ddoeth
O'r creigiog dir, na'r caredigrwydd chwaith.
Ond gwestai godir mwy, yn blasau moeth,
I ddenu haul-addolwyr ar eu taith.
Ac yn rhialtwch nos a'i swnllyd gân
Fe lithra'r wiber fyth o'r priciau tân.

RICHARD JONES, LLANELWY

HAF MIHANGEL

Mae'r haul yn ddisglair heddiw
Ar berlau gwlith y ddôl,
Ai'r haf aeth heibio ar ei hynt
Sydd wedi dod yn ôl?

Fe dybiais iddo drengi
Yn nyffryn Hydref oer,
Pan glywais gwynfan prudd y gwynt
Yn wylo dan y lloer.

Er dyfod stormydd gaeaf
Fe bery swyn ei wên,
Mae fel rhyw henwr byr ei gam
Yn gwrthod mynd yn hen.

WILLIE GRIFFITH, PWLLHELI

MIWSIG

Hen bistyll yn parablu,
   A ffrwd yn dawnsio'n llon,
Ac afon falch yn murmur
   I gadw'r dôn yn gron;
Dan hud eu miwsig pêr, di-nam
   Bûm wrthrych pryder tad a mam.

Ai'r pistyll sy'n arafu?
   Aeth dawns y ffrwd yn fud?
Mae'r afon hefyd, heddiw
   Mor ddistaw yn ei chrud:
Fy nghysur 'nawr ar lan y lli
   Yw miwsig ffrydiau Calfari.

GEORGE GWILLIAM, CROESOSWALLT

GWEDDI

Plygaf fy ngweddi,
Lapiaf hi mewn cragen
A'i thaflu i ganol y môr.

Nid oes angen geiriau
Meddai'r gŵr doeth,
Dim ond ei gwylio'n plymio i'r tonnau
A suddo i'r dyfnder anfeidrol.
Nid oes angen geiriau.

Ac yn araf, araf,
Âf innau i'w chanlyn,
Gan ddilyn y llinyn arian
Sy'n annatodadwy,
Sy'n clymu'r Drindod newydd
Ti a fi ac Ef.

MARION EAMES, DOLGELLAU

GWLAD Y GÂN

A glywaist ti'r canu a fu ar'Gwm Rhondda'
Wrth drechu y Saeson, 'rol cyfnod mor faith!
– Y canu'n wefreiddiol, a hynny gan bobol
Na wyddent y geiriau, na deall yr iaith.
Ac yn y tafarndai, a'r gêm wedi'i hennill,
Ail fyw pob ysgarmes, pob cic a phob cais
I sŵn traddodiadol emynau y Cymry,
– Hen gân am ddau sosban, a sŵn 'Tyner Lais'.

A grwydraist ti trannoeth i fyny Cwm Rhondda
A gweld mai y Saeson a gariodd y dydd?
Dwêd! Glywaist ti yno mewn Salem neu Seilo
Rhyw argoel it goelio mai byw ydy'r ffydd?
-- Ond dos di fin nos lawr i'r'Harp' – ti gei ganu!
Daw sŵn 'Telyn Aur' i dy gyfarch o draw.
D'oes neb a all ganu emynau fel Cymry,
Ond bod nhw yn mynnu cael 'peint' yn eu llaw.

GWILYM MORRIS, CEFNBERAIN

YR AELWYD

Ni chawsant eu geni
Ar blaned y cyfoethogion,
Ac ni fu chwennych
Am yr hyn na chawsant.
Dau bodlon eu byd,
A chroeso bwyd cartre
I bob ymwelydd a alwai heibio.

Eu byw darbodus
yn osgoi dyledion,
A thalu lawr wrth brynu.

Wrth dalcen y dresel
Swatiau'r wialen fedw,
Ni chofiaf imi erioed
Brofi ei brathiadau man,
Ond yno y llerciai,
Rhag ofn!

Pan arllwyswn esgusodion
I osgoi'r ysgol,
A chwmni Mot i gorlannu'r praidd
yn fwy deniadol na'r carchar o 'naw i dri',
Byddai gorchymyn mam
Fel dedfryd dyngedfennol y Barnwr.

Heno,
Ar sgrin Toshiba y gegin fach
Gwelais blant fel bytheiaid gwyllt
yn fandaleiddio o stryd i stryd
Ac yn treisio hen wraig.

Caeais fy llygaid
I ddiolch am y canllawiau
Ar dyddyn fy mhlentyndod.

J. R. JONES, ABERYSTWYTH

Y Canu Caeth

MATHEW 15: 6

Swyn a hud hen syniadau – a'n rhwydodd,
A di-rym dy eiriau;
Gwêl ein nych, tyrd i'n glanhau,
A thor ein llyffetheiriau.

2 CORINTHIAID 3: 14
MATHEW 7: 26

Di-obaith yw'n cydwybod, – a ni'n rhwym
Dan yr hen gyfamod
Yn ddall, nes i'r Ysbryd ddod
A'n tŷ ar ddim ond tywod.

1 CORINTHIAID 1: 18

Y groes a'i haberth grasol, – nid yw mwy
Onid myth i'r bobol;
Ynfydrwydd yw'r Anfeidrol
I'n hoes rydd, mae'r ffydd mor ffôl.

1 THESALONIAID 5: 19
JOB 5:18

Rhag caled wrthddywedyd – y di-ffydd,
Sy'n diffoddi'r Ysbryd;
Chwal ei frol, a chwilia'i fryd
Ef i'w glwyfo a'i glefyd.

EFFESIAID 5: 18

Er rhagfarn a phob drygfyd, â gweddi
Gwahoddwn yr Ysbryd
I ddod, cyn i bechod byd
A'i ddydd ein goddiweddyd.

DEUTERONOMIUM 30: 19

Iôr union tro'n calonnau – i chwennych
Einioes ac nid angau;
I'n cnawdol, llac eneidiau
Rho ras i edifarhau.

MATHEW 7: 5

O'r groth mae nwyd rhagrithiwr – ymhob mab
A merch, dyna gyflwr
Y braen, ond wele Brynwr
O'r brad, trwy gariad y Gŵr.

R. GLYN JONES, CONWY

CWPLEDI

Ceir rhyw faeth sy'n ein cryfhau
O fedel ein profiadau.

Od yw neb am fod yn iawn
Cofied ddilyn y cyfiawn.

Gwir Gristion yw ffynonnell
Bywyd gwâr sy'n gwneud byd gwell.

Mae'r cu a wybu aberth
Yr ail filltir o wir werth.

Mae'r byd bron i gyd ar goedd
Wedi'n gwrthod a'n gwerthoedd.

Gwallau fu lle bu bywyd,
Fu 'na neb fu'n iawn i gyd.

I lu o'r hil moli'r Iôn
Yw dwyfoli adfeilion.

Y mae ffydd yn dweud mai ffôl
Yw'n hagweddau negyddol.

A orgaro y gweryd
Ni chwyd uwchlaw baw y byd.

Rhad i bawb yw rheidiau bod
Ddaw ichi oddi uchod.

Mae'r hil o hyd yn mawrhau
Y lloi aur a'u hallorau.

Gwell i wŷr Duw golli'r dydd
Na chael a chael a chelwydd.

IDWAL LLOYD

LLEYGWR

A roes ei thelynau 'nghrog
A wnaed yn ddi-weinidog:
Seion, gwna'n fawr ohono,
Ni fyddai fawr hebddo fo
O oedfaon ohoni,
Oed na drws i'r dau neu dri.
Hwn ddaw y Sul mor ddi-sôn
A'i allu i'r gweddillion
Mae'n jôc wan pob dychanwr,
I fwriwr gwawd, ef yw'r gŵr.
Myn rhai mai ymhonnwr yw,
Siaradant, "Posar ydyw,
O Sul i Sul fe gais hwn
Binsiad i chwyddo'i bensiwn,
Rhyw wneud pres ar gorn Iesu,
A'i dwyllo Ef", a ddwed llu.
Er hynny daw i'r un daith,
Un hoff o'r llwybrau diffaith;
Gwna ei gyfran er anair,
O hyd agoryd y gair;
Lle bu'r wledd a mawredd Môn,
Fe roes efe ei friwsion
Yn oes y trydan a'i wyll
Hwn a gynnau ei gannwyll.

GLYNDWR THOMAS, CEMAES

JOB

Os daw poen a dihoenedd – i'm llethu
Na'm llithier gan chwerwedd,
Ond rho, Iôn, wir awdur hedd,
I minnau ei amynedd.

Y FFÔL

Nid rhai ffôl y breision ddolydd, – na'r ffôl
Blêr eu ffyrdd sy'n ddedwydd,
Ond y ffôl gymer naid ffydd
A'u hannel tua'r mynydd.

ISAAC JONES, ABERGELE

MIS MAWRTH

Pan ddêl, bydd fel hen elyn – yn oeri
A'i eira mor sydyn
Ei gyffro'n deffro'r dyffryn.
Wele yr haul ar ôl hyn.

STAN JONES, NEFYN

CWPLEDI

Os ysgall anghall a hau,
Fe feda gnwd gofidiau.

Arwydd 'mod i'n ei garu
Yw'r crystyn dan fwrdd dyn du.

I'r gwas ddaeth yn feistr gwaith
Gwynias ei ffrewyll ganwaith.

Beth mewn gardd sydd yn harddach?
Chwyn dan haint a'i chnwd yn iach.

A geir rhew trwy'r ddaear gron
Yn galed fel rhew'r galon.

Ag eira'r Wyddfa'n goron,
Mor swil am yr ha' yw'r sôn.

O geulan y gwrthgilio,
Da rhoi'r cownt i Fideo'r co'.

Inni'n Frawd, y mwya'i fri
A ddylem ei addoli.

Gwell yw'r frwydr a golli
Os daw toc goncwest i ti.

Ein hawch i ddilyn yr haig
Yw'n hanes, fel y penwaig.

ALAN WYN ROBERTS, BRYNSIENCYN

ER COF AM EIRIAN: BARDD A CHYFAILL

(Y Llain, Nantgaredig oedd ei hen gartref.
Gwasgarwyd ei lwch, yn ôl ei ddymuniad,
ar afon Tywi, y bu i'w frawd foddi ynddi)

O'r llesgedd, wedi'r llosgi,
Uwch y dwfn rhown dy lwch di
I lif tawel haf Tywi.

Hon yw'r afon oer hefyd
Un awr ddu 'fu'n bylchu byd
Y Llain ar orffwyll ennyd.

Llain gu plant llên ac awen,
A'u tad at gelfyddyd hen
Yn llywio'r teulu llawen.

Daethost ti i mi'n y man
Yn gyfaill am oes gyfan,
A'th air yn gyfoeth, Eirian.

Holl agwedd dy fyw lliwgar
Rebel hy, Cymru a'i câr:
Y drygwas anystrywgar!

Heblaw hyn, rebel o hyd
Oeddet yn dy gelfyddyd,
Er yn hulio'r hen olud.

Troes awen friw, ddiniwed
Y llanc yn braffter a lled;
Yn golofn, yn gân galed.

O'r llesgedd, wedi'r llosgi,
Uwch y dwfn rhown dy lwch di
I lif tawel haf Tywi.

DERWYN JONES, MOCHDRE

Y CREFYDDWYR CREBACHLYD

Yn rhod yr etholedig rai – heddiw
Ŷm grefyddwyr bonsai;
o faint yn unffurf fintai
yn wan a bach, hyn yw'n bai.

GWEDDI AM STAMP YR ENW

Ein Glân Iôr rho'r sglein yn awr – i enaid
sydd dan staeniau'r dulawr;
adfer dy Enw drudfawr
arnaf, yr un mwyaf mawr.

Y BERTH YN LLOSGI

Yn anial ein holl dreialon anodd
nid yw'n cynnau'n ddicllon
ar hast. Fe ŵyr y Cristion
Nad perth yw'r berth yn y bôn.

PROFIAD YN STORMYDD BYWYD

Deilen nid ar drugaredd y dilyw – wyf,
nofiaf trwy bob distryw
o hagrwch mor unigryw
i lan deg, – wyf ddeilen Duw.

EINION EVANS, PENYFFORDD

AFON

Ni phalla'i llif ers yr holl ganrifoedd
Yn dwym o'i ystlys, dofa dymhestloedd
Tra canna waedlyd natur cenhedloedd
Ein hil hyderus trwy'r anialdiroedd.
Bured rhin ei haberoedd! Esmwythâd
Ing enaid afrad sy' ngwin ei dyfroedd.

TELYNFAB

CYFRINACH

Ni all neb yn llawn wybod y manion
ym mynwes ei briod;
er mor dynn i ddeuddyn ddod,
arwynebol yw'r nabod.

ALED RHYS WILIAM, Y RHYL

TORF

Wyf un o'r dorf, un ar dân
Yn rhodio yn ei thrydan,
Yn ei hynni'n ddilynwr
Yno'n y gêm fel un gŵr
Yng nghytgan yr Hosanna
Ar derasau'r dyddiau da.

Wyf un o'r dorf hanner dwl
Yn yr ubain am drwbwl,
Yn 'r un gêm yn wirion gaeth
I gân yr hwliganiaeth,
Yn unllais yn ei bonllef
Un â'r waedd, "Croeshoelier Ef."

IDRIS REYNOLDS, BRYNHOFFNANT

YMSON GWEINIDOG

Er y drafft a'r llawr di-wres – eto dônt
I'w Dŷ'n galongynnes,
'Run hen rai, yn hanner rhes
I gefnogi fy neges.

PREGETH

Er rhwydded yr ymadroddi – a'r hwyl
A'r waedd a roi'r ynddi,
Ei swyn yw'r neges inni,
A'i her, ei gweithredu hi.

JAMES ARNOLD JONES, Y RHYL

Y BERWYN

Rhin hwn sy'n rhan ohonom – a'i deyrnaidd
Gadernid a welsom;
Ei haf ffraeth a'i natur ffrom
Yn ogoniant drig ynom.

Rhyw un nawn gwelaist Frenhines – yn wael
Ar Sarn Helen hanes:
Hi'n y grug dan feichiog wres
A glwyfwyd ger Rhydglafes.

Rhoist dy addfwyn glogwyni – yn darian
I Glyn Dŵr a'i gewri;
Dewin wyt, rhoddaist i ni'r
Hufen o'th ffraeth bentrefi.

MEDWYN JONES, Y RHYL

MYFYRDOD AR WEDDI

Tragwyddol ysgol i esgyn – a ffordd
Trwy ffydd i'r credadun
I gamu 'mlaen at gymun
Â'i wir Dad, Creawdwr dyn.

Bob dydd, mewn hedd y weddi – a esgyn
Ar asgell tosturi,
A'r Iôn, sy'n Dad daioni,
Eto yn gwrando y gri.

Â didwyll gri credadun – ar ei Nâf
I'r nefoedd yn esgyn,
Crist mewn harddwisg sy'n disgyn,
Duwdod yn dod at y dyn.

Hedd d' orsedd a'i grym rhyfeddol – a rydd
Gymorth rhad amserol;
Arwain myrdd o'u ffyrdd tra ffôl
Wna gweddi yn dragwyddol.

J. W. BELLIS, RHOS

Y GOF

Ei dalent oedd pedoli – i warchod
Traed meirch rhag trybini,
A naddodd ar ei weddi
Rhyw wadn well i'n traed ni.

IWAN BRYN WILLIAMS, Y BALA

DIFFYG AR YR HAUL

(Bore dydd Mercher 11/08/1999)

Y pŵerau. Pwy yrrodd
rhain i waith. Pwy a'u crynhôdd?
Yr heulwen a'i reolaeth,
a'i gain wên. Pwy a'i gwnaeth?
Y trydan gaiff wyllt rodio,
rhwydd i'w wib yw ei ffyrdd o.
A tharan trwy wneuthuriad
ei sŵn coeth sy'n atsain cad.
Y nwyon, ffynhonell niwed
yn arw lu geir ar led.
Trochionog faes trychineb,
a'i ddu nos, yn eiddo'i neb?
Anodd yw coelio hynny.
Rhown fawrhad i Rhywun fry.
Rhyw Fod heb os fu'n gosod
eirias ryw ar gwrs eu rhod.
Ef ŵyr led y planedau,
a'i law Ef wna'i hamlhau.
O'r anrhefn rhaid oedd trefnu
elfen i fellten. Pwy fu
yn gwneud hyn oll heb golli
bywyd a nerth ein byd ni?

Heulwen Awst i anhawster-ni yrrwyd,
rhyw fore dydd Mercher.
Er y saib, ym mro y ser
bywiodd heb golli'i bŵer.

R.J. PENMORFA

GWLITH

Hwn ddygir heb swyddogaeth – na phibell
na phobol llywodraeth;
Ni ddaw 'form' am grant amaeth
na bil dŵr o ble y daeth.

R.J. PENMORFA

JOSEFF

Wrth i'w law naddu'r ffawydd – a'r Iesu
Yn chwareus a dedwydd,
Ni wyddai y deuai'r dydd
I'w hoelio yn ei gilydd.

PULPUD

Mae'r pren mor gadarn arno – ag erioed,
A'r grefft fu'n ei lunio;
Ond wir, O! Arglwydd dyro
Hoelion Wyth i'w lenwi o.

JOHN GLYN JONES, DINBYCH

MATHEW 7: 2.3

Na fernwch, maddeuwch i ddyn. – Eich trawst
Hyd eich traed sy'n 'mestyn;
Ewch chwi ar ôl brycheuyn
A chewch eich barnu eich hun.

CLWYD HUGHES, TREFNANT

EF

Ynof i mi glywaf ŵr
Sy' o raid yn siaradwr.
Ar hyd y daith fy mrawd yw,
A hen frawd ofer ydyw,
Yn rhoi'i farn mewn tafarnau;
Ef di'r geg na fedra gau.

Gŵr yw hwn a leisia'i gred
Amharchus am hawl merched;
Yna, fel arth, 'r un yw'r floedd
Afiach am leiafrifoedd.
A charai weld carcharu
Yr hoywon a'r dynion du.

Ni hoffaf i gwmnïaeth
Effiwr hy y cwrw ffraeth;
Cryn embaras yw'r asyn
I bawb ond y boi ei hun.
Eto 'rioed, lle bynnag trof.
Deil hwn yn huawdl ynof.

IDRIS REYNOLDS, BRYNHOFFNANT

CYFARWYDDO DIEITHRYN I RYWLE

O gydgerdded tyred Di i Emaus
can's mae haul dy gwmni
'n anrhaethol well na'n dellni
– aros y nos gyda ni.

T. ARFON WILLIAMS, CAERNARFON

NEWYN

Beth wn i beth yw newyn?
Rhyw sôn ar newyddion un.

Crefu du dwy lygad wen
A bol, a crafu bowlen,
A brwyn sy fel coesau, bron,
Yn gywilydd o gylion.

Gofer sych a gafr sâl
A mamau hesb yn mwmial,
A'u haid pyrcs fel codau pys
Yn eu breichiau brawychus.

Wybren drist a'r brain yn drwm –
Hen biti! Trowch y botwm.

DIC JONES, BLAENANNERCH

COFEB HEDD WYN

Rhowch ar aberth brydferthwch, – ac euro'r
Garreg a gwladgarwch,
Yn nhir y lladd daw o'r llwch
Y ddwys waedd 'A oes heddwch?'

NHW

Ni'n hunain sy'n eu henwi; – y bobol
Sy'n wahanol inni,
Ond ni'n hunain yw'r rheini,
Waeth iddyn Nhw nhw 'yn ni.

DIC JONES, BLAENANNERCH

YR HAF

Mor gwrs ydoedd Cymru gynt,
Aceri dan chwip corwynt;
Gaeaf anwar digariad
Yn glais ar wyneb ein gwlad.
I fyd o heth haf a'i dŵr
Wawriodd dros erwau garw;
Daeth pelydrau golau gwyn
Yn risial o Glyn Rhosyn.

Diwyd dros Dduw oedd Dewi,
Yn rhoi nawdd i'n Cymru ni.
Daeth â haf i'n gaeafau,
Ef â'i law fu'n ddyfal hau
Y Gair ar diroedd geirwon –
Tramwy trwy Mynwy a Môn.
Y dewr un, cenhadwr oedd
I'r Iesu, Haf yr oesoedd.

Diwyllio, codi allor –
Gwelodd haf yr Arglwydd Iôr
Hyd ei ardd yn blaendarddu
Wedi oes o aeaf du.

I fyd oer daeth hafau Duw,
A dydd i nos y didduw.
Daeth murmur durtur i'n dôl –
A'i sibrydion ysbrydol.

Deued a welodd Dewi –
Ffwrn o haf i'n deffro ni.

J. PINION JONES, LLANIDLOES

YR "ACHOS" HEDDIW

Ar alwad y diwygiadau – aethem
  Dros drothwy'r cynteddau;
Amlach heddiw'n y temlau
Yw cywain cur cyn eu cau.

A wêl ei gapel ar gau – a wêl warth,
  A wêl werth mewn muriau;
Yng ngwacâd adeiladau,
  A wna'u hoen eu cyfiawnhau?

Ai rhith yw'n blaenoriaethau? – A rodiwn
  Mewn pryder heb eisiau?
Nid y ffald yw'r scaffaldiau,
  Nid Eglwys, ond cwys sy'n cau.

Mae apêl y capelau? – Mae y graen?
  Mae gwres cynulliadau?
Mae y lleng? Pam y lleiháu
  O hyd mewn ordinhadau?

D. Hughes Jones, Y Rhyl